En Español

> Maravillas naturales <

Groenlandia
La isla más grande del mundo

Joanne Mattern

The Rosen Publishing Group's
Editorial Buenas Letras™
New York

Published in 2003 by The Rosen Publishing Group, Inc.
29 East 21st Street, New York, NY 10010

First Edition in Spanish 2003
First Edition in English 2002

Book Design: Michael DeLisio

Photo Credits: Cover, pp. 8–9 © Robert Estall/Corbis; pp. 4–5, 9 (inset),
10–11, 18–19 © Indexstock; pp. 12–13 © Layne Kennedy/Corbis;
p. 13 (inset) © Dan Guravich/Corbis; pp. 14–15, 19 (inset) © Wolfgang
Kaehler/Corbis; p. 14 (inset) © National Geographic; p. 15 (inset) © Paul
A. Souders/Corbis; p. 16 (top), 16 (bottom) © Michael Lewis/Corbis;
pp. 20–21 © Hubert Stadler/Corbis

Mattern, Joanne, 1963–
    Groenlandia: La isla más grande del mundo / Joanne Mattern;
    traducción al español: Spanish Educational Publishing.
    p. cm. — (Maravillas naturales)
    Includes bibliographical references (p.).
    ISBN 0-8239-6876-6 (lib. bdg.)
    1. Greenland—Juvenile literature. [1. Greenland. 2. Spanish Language
    Materials.] I. Title. II.
    Series.

    G743 .M38 2001
    998'.2—dc21
                                                    2001000595

Manufactured in the United States of America

Contenido

La isla más grande del mundo

Una isla es una porción de tierra rodeada de agua por todas partes. La isla más grande del mundo es Groenlandia. Mide 840,000 millas cuadradas (2.1 millones de km2).

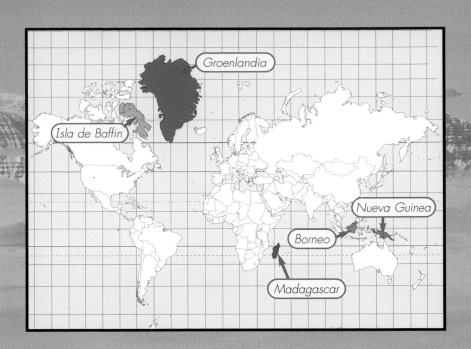

Las islas más grandes

Nombre	Millas cuadradas (Kilómetros cuadrados)
Groenlandia	840,000 millas (2,175,590 km)
Nueva Guinea	310,000 millas (802,896 km)
Borneo	290,000 millas (751,096 km)
Madagascar	226,658 millas (587,041 km)
Isla de Baffin, Canadá	195,928 millas (507,451 km)

Groenlandia se encuentra entre los océanos Atlántico y Ártico, cerca de Canadá. Parte de Groenlandia está a 10 millas (16 km) de distancia de Canadá.

Polo
Norte

Océano Ártico

Groenlandia

Océano Atlántico

Canadá

Estados Unidos

7

La mayor parte de Groenlandia
está cubierta de una capa de hielo.
Gran parte del hielo mide 5,000 pies
(1.5 km) de profundidad. En algunas
partes, mide hasta 10,000 pies (3 km).

¡*ES UN HECHO!* El hielo de Groenlandia contiene el diez por ciento del agua dulce de todo el mundo.

El clima

En Groenlandia hace mucho frío.
La temperatura baja a 90 grados
Fahrenheit bajo cero (–67°C) durante
el invierno. Durante el verano,
solamente sube a 50 grados
Fahrenheit (10°C).

¡ES UN HECHO! Los vikingos nombraron la isla "Groenlandia", que significa "tierra verde", para atraer gente a esta tierra helada.

Los animales

Los animales que viven en Groenlandia están acostumbrados al frío. Los osos polares y los renos tienen un pelaje grueso que los protege. Los perros también tienen pelaje grueso. Aquí los vemos halando trineos sobre el hielo.

¡ES UN HECHO! El parque nacional más grande del mundo está en Groenlandia. Se llama *Northeast Greenland National Park.* ¡Es más grande que Francia e Inglaterra juntas!

13

Ballena azul

En las aguas de Groenlandia viven muchos animales. Las focas y las morsas comen peces. También viven cerca ballenas azules, ballenas de Groenlandia y otros tipos de ballenas.

Las morsas se juntan sobre las rocas.

Unos dos millones de focas viven en las aguas de Groenlandia.

Población

Groenlandia solamente tiene
55,000 habitantes. La mayoría
de los habitantes han nacido ahí.

País	Población
Groenlandia	55,000
Dinamarca	5,336,000
Estados Unidos	276,000,000

Dinamarca

Groenlandia pertenece a Dinamarca.

¡ES UN HECHO! No existen carreteras entre los pueblos de Groenlandia. Hay que ir en avión o barco de un pueblo a otro.

El agua es muy importante en la vida de los habitantes de Groenlandia. La mayoría de la población vive cerca del agua. Muchos son pescadores.

El kayak se inventó en Groenlandia.

De vacaciones en Groenlandia

A pesar del frío, 16,000 personas
visitan Groenlandia cada año.
¡Unos se hospedan en un hotel
de hielo!

En Groenlandia, la mayor isla del mundo, hay muchas cosas interesantes que ver.

Glosario

Fahrenheit escala para medir la temperatura en que el agua se congela a 32 grados

isla (la) porción de tierra rodeada de agua por todas partes

kayak (el) canoa ligera con una abertura para sentarse

temperatura (la) medida del frío o calor

vikingos (los) navegantes del pasado que fueron grandes exploradores

Recursos

Libros

People of the Polar Regions
Jen Green
Raintree Steck-Vaughn (1998)

The Arctic Land
Bobbie Kalman
Econo-Clad Books (1999)

Sitios web

Debido a las constantes modificaciones en los sitios de Internet, PowerKids Press ha desarrollado una guía on-line de sitios relacionados al tema de este libro. Nuestro sitio web se actualiza constantemente. Por favor utiliza la siguiente dirección para consultar la lista:

http://www.buenasletraslinks.com/mn/greensp/

Índice

Número de palabras: 255

Nota para bibliotecarios, maestros y padres de familia

Si leer es un reto, ¡Reading Power en español es la solución! Reading Power es ideal para lectores hispanoparlantes que buscan un nivel de lectura accesible en su propio idioma. Ilustrados con fotografías, estos libros presentan la información de manera atractiva y utilizan un vocabulario sencillo que tiene en cuenta las diferencias lingüísticas entre los lectores hispanos. Relacionando claramente texto con imágenes, los libros de Reading Power dan al lector todo el control. Ahora los lectores cuentan con el poder para obtener la información y la experiencia que necesitan en un ameno formato completamente ¡en español!

Note to Librarians, Teachers, and Parents

If reading is a challenge, Reading Power is a solution! Reading Power is perfect for readers who want high-interest subject matter at an accessible reading level. These fact-filled, photo-illustrated books are designed for readers who want straightforward vocabulary, engaging topics, and a manageable reading experience. With clear picture/text correspondence, leveled Reading Power books put the reader in charge. Now readers have the power to get the information they want and the skills they need in a user-friendly format.